BEI GRIN MACHT SICH IHR WISSEN BEZAHLT

AF130583

- Wir veröffentlichen Ihre Hausarbeit, Bachelor- und Masterarbeit

- Ihr eigenes eBook und Buch - weltweit in allen wichtigen Shops

- Verdienen Sie an jedem Verkauf

Jetzt bei www.GRIN.com hochladen und kostenlos publizieren

Individuelles Glück, Messung von Emotionen und Einsatz von Volition

Madeleine Hartleff

Bibliografische Information der Deutschen Nationalbibliothek:

Die Deutsche Nationalbibliothek verzeichnet diese Publikation in der Deutschen Nationalbibliografie; detaillierte bibliografische Daten sind im Internet über http://dnb.d-nb.de abrufbar.

ISBN: 9783346467348
Dieses Buch ist auch als E-Book erhältlich.

© GRIN Publishing GmbH
Nymphenburger Straße 86
80636 München

Druck und Bindung: Books on Demand GmbH, Norderstedt Germany
Gedruckt auf säurefreiem Papier aus verantwortungsvollen Quellen

Das vorliegende Werk wurde sorgfältig erarbeitet. Dennoch übernehmen Autoren und Verlag für die Richtigkeit von Angaben, Hinweisen, Links und Ratschlägen sowie eventuelle Druckfehler keine Haftung.

Das Buch bei GRIN: https://www.grin.com/document/1041434

Einsendeaufgabe

Alternative C

SRH Fernhochschule – The Mobile University

Modul: Allgemeine Psychologie 2
Studiengang: Psychologie (B. Sc.)

von

Madeleine Hartleff

Inhaltsverzeichnis

Abkürzungsverzeichnis

Smartphone-App   Smartphone-Applikation

Abbildungsverzeichnis

1 Aufgabe C1 – Glück

Vermutlich hat sich jeder Mensch schon einmal in seinen Leben gefragt, ob er oder sie glücklich ist. Aber was bedeutet das eigentlich „glücklich sein" und was ist Glück? Auf den folgenden Seiten wird das Konstrukt „Glück" aus psychologischer Sicht beschrieben. Des Weiteren wird der Frage nachgegangen, was macht die Menschen glücklich und wie Glück gesteigert werden kann.

Im deutschen Sprachraum werden die Begriffe „Glück" und „glücklich" verwendet, die in ihrer Bedeutung unterschiedlich sind. Im angelsächsischen Sprachraum wird zwischen den Wörtern „luck", „pleasure" und „happiness" differenziert. „Luck" bezeichnet hierbei das Zufallsglück, wie zum Beispiel einen Lottogewinn (Heining, 2019, S. 6). Die Glücksforschung beschäftigt sich nur mit dem subjektiven Wohlbefinden („subject well-being") (Ruckriegel, 2010, S. 41; Tomoff, 2017, S. 6). Nach Diener, Suh, Lucas und Smith (1999) wird der Begriff subjektives Wohlbefinden als mehrdimensionales Gebilde betrachtet, wobei verschiedene, aber verwandte Aspekte als ein theoretisches Konstrukt behandelt werden. Subjektives Wohlbefinden umfasst, wie Menschen ihr eigenes Leben in Bezug auf affektive (wie wir uns fühlen) und kognitive (wie wir denken) Komponenten bewerten (Diener et al., 1999; zitiert nach David, Boniwell & Conley Avers, 2013, S. 3-4; Heining, 2019, S. 7). Die affektive Komponente oder „pleasure" bezieht sich sowohl auf Stimmungen als auch auf Emotionen, die mit dem Erleben von Momentereignissen verbunden sind. Dazu zählt zum Beispiel das Gefühl von Glück, Freude oder Wohlbehagen (Diener et al., 1999; zitiert nach David et al., 2013, S. 3-4; Heining, 2019, S. 7; Ruckriegel, 2010, S. 41). Die kognitive Komponente oder „happiness" stellt die Lebenszufriedenheit dar und bezieht sich auf die Art und Weise, wie Individuen ihr Leben wahrnehmen und verweist auf eine Diskrepanz zwischen der gegenwärtigen Situation und dem, was als der ideale Standard angesehen wird (Diener et al., 1999; zitiert nach David et al., 2013, S. 3-4; Heining, 2019, S. 7; Ruckriegel, 2010, S. 41). Nach Diener, Suh und Oishi (1997) besteht das subjektive Wohlbefinden aus drei Komponenten. Neben der positiven affektiven und der kognitiven Komponente gibt es noch einen negativ affektiven Bestandteil (Diener et al., 1997, S. 27).

David und Kollegen (2013) berichten, dass die meisten aktuellen Forschungen im Bereich der Positiven Psychologie Glück und Wohlbefinden in eine von zwei Traditionen einordnen: den Hedonismus oder den Eudaimonismus. Das Team um David schreibt, dass im hedonischen Ansatz Glück wie folgt definiert werden kann: Ein Individuum strebt nach positiven Emotionen, sucht das maximale Vergnügen und strebt ein angenehmes Leben mit sofortiger Befriedigung an. Der eudaimonische Ansatz geht, nach David und ihrem Kollegium, darüber hinaus und beschäftigt sich mit Veränderungen und Wachstum (David et al., 2013, S. 4). Eid (2019) schreibt, dass zu beiden Ansichten unterschiedliche Theorien und Modelle entwickelt sowie deren Bedingungen erforscht wurden. Dabei konnte herausgefunden werden, dass die beiden Denkweisen nicht unabhängig voneinander sind, sondern sich ergänzen (Eid, 2019).

Wenn von dem Konzept des Hedonismus ausgegangen wird, kommt die Frage auf, was die Menschen glücklich macht. Die eine Person sucht ihr Glück vielleicht im regelmäßigen Lotto-Spielen oder dem Online-Poker, eine andere Person macht auf der Suche nach dem persönlichen Glück eine Weltreise und wieder eine andere Person versucht ihr individuelles Glück beim Sport zu finden. Bucher (2018) hat die Frage „Was Menschen glücklich macht" in vier Glücksfaktoren beantwortet. Die Glücksfaktoren sind: (a) Biologische Variablen, (b) Soziodemografische Variablen, (c) Nahbeziehungen und Tätigkeiten sowie (d) Religiosität und Spiritualität (Bucher, 2018, S. 63). Die Glücksfaktoren enthalten viele verschiedene Themen. Im folgenden Text werden einzelne Themen aus den vier Glücksfaktoren herausgenommen und mithilfe von empirischen Befunden untermauert.

Lykken und Tellegen (1996) haben mithilfe von Zwillingsstudien untersucht, wie das Glück durch die Gene beeinflusst wird. Dabei kam heraus, dass ca. 50 % des persönlichen Glücks vererbt wird. In der Studie konnte gezeigt werden, dass es bei monozygotischen Zwillingen unabhängig ist, ob diese in einer gemeinsamen Umwelt aufgewachsen sind oder nicht. Mit der Studie konnte weiterhin gezeigt werden, dass durch die Befragung eines Zwillings das Glücksniveau des anderen Zwillings in zehn Jahren bestimmt werden kann (Lykken & Tellegen, 1996, S. 188-189).

Zu den Aspekt der „Biologische Variablen" haben einige Wissenschaftler untersucht, wie Persönlichkeitseigenschaften mit Glück zusammenhängen (Bucher, 2018, S. 67). Lucas, Le und Dyrenforth (2008) haben sich im Rahmen einer Studie mit der Frage beschäftigt, ob extravertierte Menschen glücklicher sind als introvertierte Persönlichkeiten. Lucas und Mitarbeiter zeigen in dieser Studie, dass extravertierte Menschen mehr soziale Kontakte als Introvertierte haben. Weiterhin sind die sozialen Aktivitäten, an denen sich extravertierte Personen beteiligen, die Aktivitäten, die am stärksten mit positiven Einflüssen korrelieren. Diese Aktivitäten haben somit eine positive Affekt-Beziehung und es wird geschlussfolgert, dass dadurch extravertierte Individuen glücklicher sind (Lucas et al., 2008, S. 407-408).

Der Glücksfaktor „Soziodemografische Variable" beschäftigt sich unter anderem mit den im jährlich erscheinenden „World Happiness Report" erhobenen Daten (Heining, Layard & Sachs, 2019, S. 7). Laut diesem Report sind die Menschen in den skandinavischen Ländern am glücklichsten. Deutschland liegt auf Platz 17, daraus kann abgeleitet werden, dass die Menschen, im Vergleich mit der restlichen Welt, ebenfalls glücklich sind. Auf den hintersten Plätzen landen die Länder Afghanistan, Zentralafrikanische Republik und der Südsudan (Platz 156) (Helliwell, Huang & Wang, 2019, S. 27-29). Die Untersuchungen von Inglehart und Klingemann (2000) besagen, dass die unterschiedlichen Wohlstandsniveaus der einzelnen Länder mit deren politischen Institutionen einer Gesellschaft zusammenhängen. Eine gut funktionierende Demokratie führt laut dieser Studie zu mehr subjektiven Wohlbefinden unter den Bürgern (Inglehart & Klingemann, 2000, S. 182).

Der dritte Bereich der Glücksfaktoren beschäftigt sich unter anderem mit dem Thema des Ehrenamtes. Laut dem IfD Allensbach waren in Deutschland im Jahr 2018 ca. 15 Millionen Menschen in einem Ehrenamt beschäftigt. Borgonovi (2008) hat eine Telefonumfrage bei US-Bürgern vorgenommen, um herauszufinden, ob ein Ehrenamt ursächlich für ein glücklicheres Leben ist. Die Ergebnisse deuten nach Bucher (2018) daraufhin, dass das Ehrenamt für ein höheres Wohlbefinden sorgt (Borgonovi, 2008; zitiert nach Bucher, 2018, S. 126). Des Weiteren konnten Seligman, Steen, Park & Peterson (2005) in einer experimentellen Studie bestätigen, dass Studenten, die über einen längeren Zeitraum täglich drei gute Taten bewältigen, nach sechs Monaten glücklicher waren, als die Vergleichsgruppe (S. 146).

Rowland, Wenzel und Kubiak (2018) haben in einer Studie die Auswirkungen von Achtsamkeitsübungen auf das Wohlbefinden erforscht und damit den Bereich „Religiosität und Spiritualität" der Glücksforschung abgedeckt. Die Ergebnisse der Studie zeigen, dass Achtsamkeitsübungen eine innere Ruhe und Ausgeglichenheit mit sich bringen, wenn die Übungen über einen längeren Zeitraum praktiziert werden. Als positive Folge dieser Aktivitäten konnte festgestellt werden, dass die Personen nicht mehr so schnell und stark auf negative Affekte reagierten, wie vor der Studienteilnahme (Rowland et al., 2018, S. 14).

Im Gegensatz zu Bucher haben Lyubomirsky, Sheldon und Schkade (2005) in ihren Forschungen drei mögliche Ursachen dafür gefunden, ob ein Mensch glücklich ist oder nicht. Den größten Einfluss haben, wie bereits oben beschrieben, die genetische Veranlagung mit 50 %. Ein weiterer, kleinerer Punkt sind die Lebensumstände, das heißt, wie viel Geld hat eine Person zur Verfügung; ist eine Person gesund; hat die Person einen sicheren Arbeitsplatz; in welcher Region der Erde lebt diese Person usw. Mit anderen Worten: Es geht um die Umwelten eines jeden Individuums. Diese verschiedenen Umwelten haben nur einen Anteil von 10 % am persönlichen Glück. Daraus folgt, dass der Mensch mit 40 % einen großen Einfluss auf sein eigens Glücksempfinden hat und dieses subjektive Wohlbefinden gut selbstständig steuern kann (Lyubomirsky, Sheldon et al., 2005, S. 116). Dazu ist es aber notwendig, zu verstehen, was das subjektive Wohlbefinden mit uns Menschen machen kann. Eine wichtige Frage ist, ob das subjektive Wohlbefinden nur positiven Einfluss auf die einzelne Person hat, oder ob es auch negative Folgen geben kann.

Veenhoven (2008) hat 30 follow-up Studien betrachtet, um herauszufinden, ob Glück ein langes Leben fördern kann. Das Ergebnis der Meta-Analyse ist, dass glückliche Menschen länger leben, weil das Glück wahrscheinlich die körperliche Gesundheit schützt (Veenhoven, 2008, S. 449, S. 467).

Howell, Kern und Lyubomirsky (2007) haben zu dem Thema „Auswirkungen des subjektiven Wohlbefindens auf die Gesundheit" ebenfalls eine Meta-Analyse durchgeführt. Die Autoren kamen zu dem Schluss, dass Gesundheit nicht nur das Wohlbefinden beeinflussen kann, sondern das Wohlbefinden auch das Glück beeinflusst. Die Ergebnisse deuten darauf hin, dass das subjektive Wohlbefinden einen Einfluss auf das Immunsystem hat und dieses stärkt. Weiterhin deuten die Resultate an, dass Stress durch ein hohes subjektives Wohlbefinden gepuffert wird (Howell et al., 2007, S. 122-123)

Diener und Chan (2011) haben in einer weiteren Meta-Studie den Zusammenhang zwischen subjektiven Wohlbefinden und Gesundheit untersucht. Die Befunde zeigen eindeutig, dass subjektive Wohlbefinden zur Förderung von Gesundheit beiträgt. Wie das subjektive Wohlbefinden im Verhältnis zu bestimmten Krankheiten steht und den Krankheitsverlauf positiv beeinflusst, konnte anhand der Meta-Studie nicht gezeigt werden (Diener & Chan, 2011, S. 32).

In einer weiteren Meta-Analyse haben Lyubomirsky, King und Diener (2005) verschiedene Studien aus den Bereichen Querschnittstudien, Längsschnittstudien und experimentelle Studien verglichen. Im Bereich der Querschnittstudien deuten die Ergebnisse der Meta-Analyse darauf hin, dass Menschen mit einem hohen subjektiven Wohlbefinden in vielen Lebensbereichen erfolgreicher sind. Diese Ergebnisse beziehen sich primär auf die

Arbeitswelt, die sozialen Beziehungen und die Gesundheit (Lyubomirsky, King et al., 2005, S. 825). Weiterhin lassen die Ergebnisse darauf schließen, dass sowohl langfristiges Wohlbefinden als auch vorübergehende positive Einflüsse mit einer Reihe von wünschenswerten Eigenschaften verbunden sind. Zum Beispiel sind Menschen, die chronisch glücklich sind, deutlich kreativer, wenn es darum geht Probleme zu lösen und besitzen bessere Konfliktlösekompetenzen. Menschen mit einem hohen subjektiven Wohlbefinden sind weiterhin deutlich sozialer eingestellt und helfen eher anderen Menschen, wenn diese in der Not sind (Lyubomirsky, King et al., 2005, S. 831). Die Längsschnittstudien waren nicht ganz so umfangreich, wie die Querschnittstudien, trotzdem haben diese Studien für Lyubomirsky, King und Diener interessante Erkenntnisse erbracht. Glück steht demnach für erfüllende und produktive Arbeit sowie befriedigende Beziehungen. Des Weiteren haben auch hier die Menschen mit einem hohen subjektiven Wohlbefinden eine bessere psychische und physische Gesundheit und diese Menschen haben eine höhere Lebenserwartung (Lyubomirsky, King et al., 2005, S. 834). Wie bereits bei den Querschnittstudien, konnte auch bei den Längsschnittstudien gezeigt werden, dass nicht nur chronisch positive Stimmung, sondern auch kurzfristig positive Ereignisse, sich insgesamt positiv auf einen Menschen auswirken (Lyubomirsky, King et al., 2005, S. 835). Anhand der Analyse der experimentellen Studien konnten Effekte gezeigt werden, die darauf hindeuten, dass positive Effekte positive Eigenschaften fördern: Zum Beispiel wirken positive Einflüsse auf die Geselligkeit und die Aktivität einer Person; die Selbstliebe wird gefördert und dadurch auch die Liebe zu anderen Menschen; der Körper und das Immunsystem werden gestärkt, es werden effektiver Konfliktlösungsstrategien entwickelt (Lyubomirsky, King et al., 2005, S. 840).

Zusammenfassend lässt sich sagen, dass ein hohes subjektives Wohlbefinden viele positive Einflüsse auf die Menschen hat. Wie bei allen Dingen gibt es bei dem Thema Glück ebenfalls zwei Seiten. Unkelbach, Forgas und Denson (2008) haben an australischen Studierenden getestet, wie schnell diese in einem Computerspiel auf bewaffnete Personen schießen. Einige dieser bewaffneten Personen trugen ein Kopftuch und entsprachen demnach dem Stereotypen Muslim. In dieser Studie gab es erste Hinweise darauf, dass eine positive Stimmung zu einer erheblichen selektiven Neigung gegen stereotypisch muslimisch gekleidete Personen führt. Wütende Menschen schossen einfach auf alle Menschen, während glückliche Menschen gezielt nur muslimisch wirkende Menschen schossen. Es lässt sich daraus schlussfolgern, dass ein hohes subjektives Wohlbefinden zu mehr Stereotypisierung führen kann (Unkelbach et al., 2008, S. 1409, S. 1411-1413).

9

Abschließend lässt sich festhalten, dass ein hohes subjektives Wohlbefinden ein Zustand ist, den viele wünschen, manche als unnötigen Luxus oder gar als Nachteil empfinden (Diener & Chan, 2011, S. 33). In der Zukunft sollte noch mehr zu dem Thema negative Folgen des subjektiven Wohlbefindens geforscht werden, damit die Menschen diese vermeiden können oder Strategien gegen die negativen Auswirkungen entwickeln können.

2 Aufgabe C2 – Messung von Emotionen

In der vorherigen Teilaufgabe wurde bereits über eine grundlegende Emotion, das Glück, geschrieben. Diese Teilaufgabe befasst sich mit der wichtigen Frage, wie Emotionen gemessen werden können. Dazu ist es vorab notwendig, dass verstanden wird, was Emotionen überhaupt sind. Anschließend werden Methoden zur Messung von Emotionen vorgestellt und die Vor- und Nachteile dieser Methoden aufgelistet. Als weiterer Punkt wird auf die Probleme, die bei der Erfassung von Emotionen auftreten können, eingegangen. Abschließend bewertet die Autorin, mit welcher Methode Emotionen am besten gemessen werden können.

Eine allgemeingültige Definition zu dem Konstrukt Emotionen zu finden ist sehr schwierig. Jeder weiß, was Emotionen sind, werden Wissenschaftler jedoch danach gefragt, wie Emotionen definiert werden, tun diese sich schwer (Sokolowski, 2013, S. 222).

Reisenzein und Horstmann (2018) haben eine Arbeitsdefinition für das Konstrukt Emotionen erstellt. Laut dieser Definition sind Emotionen erkennbare, vorübergehende gefühlsmäßige Gegebenheiten wie zum Beispiel Freude, Traurigkeit, Angst, Wut, Ekel oder Überraschung. Weiterhin werden Emotionen durch unsere Gedanken oder das Wahrnehmen an bestimmte, emotionsauslösende Sachverhalte oder Gegenstände verursacht. Des Weiteren werden Emotionen, je nach Situation und Grund, unterschiedlich stark durch ein Individuum wahrgenommen und haben für sich charakteristische Bestandteile. Außerdem werden Emotionen von bestimmten organischen Reaktionen begleitet, die wiederum bezeichnend für diese Emotion sind. Diese peripher-physiologischen Reaktionen des Körpers können unter anderem zur Messung von Emotionen herangezogen werden (Reisenzein & Horstmann, 2018, S. 426).

Brandstätter, Schüler, Puca und Lozo (2013) schreiben: Bevor Emotionen gemessen werden können, müsse definiert werden, welche Aussage mit der empirischen Studie erfolgen soll. Prinzipiell können, je nach Problemstellung, Emotionen als unabhängige und als abhängige Variable gemessen werden. Zur Erforschung, des Einflusses von Emotionen auf das Erleben und Verhalten von Menschen oder deren Interaktion mit ihrer Umwelt, werden Messungen unter kontrollierten Laborbedingungen vorgenommen. Bei diesen Methoden ist es notwendig, dass die Art und die Wirksamkeit der Emotion bewusst verfälscht werden können. Soll hingegen herausgefunden werden, wie der Beginn und die Stärke einer Emotion durch eine andere Variable gelenkt wird, erscheint es sinnvoll, die Emotionen in der natürlichen Umgebung einer Person zu messen (Brandstätter, Schüler, Puca & Lozo, 2013, S. 144-145). Die nachfolgende Abbildung zeigt einen groben Überblick über die verschiedenen Messmethoden.

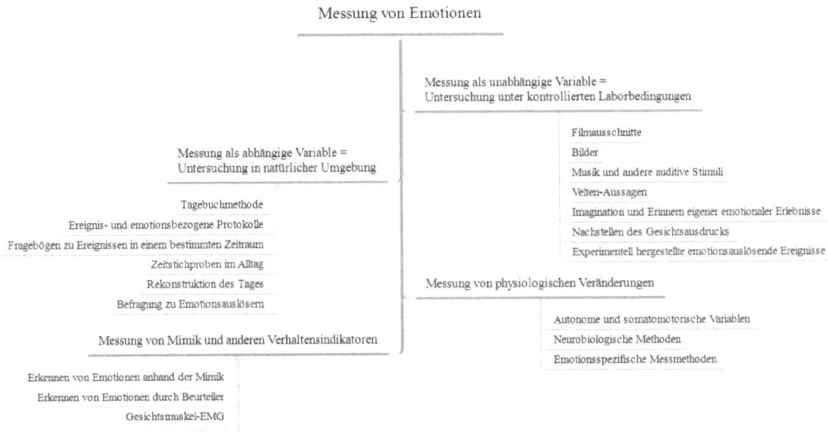

Abbildung 1: Überblick über Methoden zur Messung von Emotionen

(Quelle: Eigene Darstellung in Anlehnung an Brandstätter, Schüler, Puca & Lozo, 2013, S. 146-149; Schmidt-Atzert, Peper & Stemmler, 2014, S. 38-122)

Um die Breite der Untersuchungsmöglichkeiten darzustellen, werden in den folgenden Abschnitten jeweils zwei Untersuchungsmöglichkeiten, die unter kontrollierten Laborbedingungen genutzt werden können und zwei Messmethoden, die in der natürlichen Umwelt angewendet werden können, vorgestellt.

In unseren alltäglichen Leben begegnen uns viele Emotionen. Meist wird einem Menschen erst bewusst, wie sie oder er sich gerade fühlt, wenn nach dem Befinden durch eine andere Person gefragt wird (Schmidt-Atzert, 2009, S. 532). Wie diese Gefühle in unserem alltäglichen Leben erfasst werden, wird mithilfe des Tagebuchverfahrens und der Fragebogenmethode dargestellt. Schmidt-Atzert, Peper und Stemmler (2014) beschreiben die Tagebuchmethode als ein Verfahren, bei dem die Probanden aufgefordert werden zu vorgegebenen Zeitpunkten und über einen definierten Zeitraum ihr emotionales Befinden zu dokumentieren. Die Anweisung kann lauten, dass die Versuchsperson immer am Abend eines Tages, diesen reflektiert und protokolliert oder ein bestimmtes Ereignis festhalten soll, wenn eine festgelegte Emotion auftritt. Als Vorteil dieses Verfahrens haben Schmidt-Atzert und seine Kollegen genannt, dass die Versuchsperson ihre Gefühle des

Alltags reflektiert. Wodurch ein vergleichsweise guter Einblick in das Leben des Probanden entstehe. Als Nachteil haben die Wissenschaftler um Schmidt-Atzert die Vorgabe einer Emotion, die beobachtet werden soll, angeführt. Durch diese Anweisung kann es dazu kommen, dass die Versuchsteilnehmenden indirekt in ihren Gefühlen beeinflusst werden. Des Weiteren gibt es keine Kontrolle darüber, wann die Probanden ihre Emotionen protokolliert haben und ob sie dies selbstständig getan haben (Schmidt-Atzert et al., 2014, S. 73, S. 75-76). Brandstätter und Mitarbeitende (2013) berichten, dass mit dem Fragebogenverfahren ähnlich agiert werden kann, wie mit der Tagebuchmethode. Bei dem Fragebogenverfahren werden meist Fragebögen mit einer standardisierten Skala eingesetzt. Die Versuchspersonen beantworten Fragen zu einer oder mehreren Emotionen. Die Antworten der Teilnehmenden können später mit Normwerten verglichen werden. Das Fragebogenverfahren kann, ähnlich wie die Tagebuchmethode, über einen bestimmten Zeitraum eingesetzt werden, um die alltäglichen Emotionen zu erfassen oder über einen bestimmten Zeitraum eine bestimmte Emotion zu erfragen. Das Verfahren findet ebenso Anwendung, um nur die Emotionen zu einem ganz bestimmten Ereignis zu erfassen. Brandstätter und Kollegen geben als Vorzug dieser Methode an, dass das Erleben der Emotionen retrospektiv oder aktuell erfasst werden könne. Wenn der Fragebogen über eine Smartphone-App oder ein Onlinetool an die Testpersonen gegeben wird, besteht für die Wissenschaftler ein großer Nutzen. Zum einen liegen die Daten sofort vor und weiterhin kann der Zeitpunkt der Bearbeitung überprüft werden. Zudem können die Forschenden bei der klassischen Form des Fragebogens, auf Papier, nicht nachvollziehen, wann die Fragen bearbeitet wurden oder von welcher Person. Dazu kann es bei einer späteren Bearbeitung zu Gedächtnisverzerrungen kommen. Ein weiterer Kritikpunkt an dem Fragebogenverfahren ist, dass nicht kontrolliert werden kann, ob die Versuchsteilnehmer sozial erwünschte Antworten abgeben, statt den eigenen Empfindungen (Brandstätter et al., 2013, S. 150-151).

Anhand der Verfahren aus dem alltäglichen Leben wird deutlich, dass es möglich ist, bestimmte Emotionen bei Versuchspersonen abzufragen. Aber die Auswertung gestaltet sich dabei teilweise sehr aufwendig. Wenn ganz bestimmte Emotionen oder Fragestellungen untersucht werden sollen, bietet es sich nach Brandstätter und Kollegen (2013) an, diese Untersuchungen unter kontrollierten Bedingungen im Labor vorzunehmen. Hierbei ist es wichtig, dass für alle Experimente die Versuchsteilnehmenden ihre Emotionen deutlich zeigen können, damit die Wissenschaftler einen Zugang zu diesen Emotionen erlangen können (Brandstätter et al., 2013, S. 145). Des Weiteren muss bei der experimentellen

Form im Vorfeld geklärt werden, wie lange die Emotionen bzw. deren Effekt gemessen werden soll und bei wie viel Prozent der Menschheit diese Methode überhaupt wirksam ist (Schmidt-Atzert et al., 2014, S. 57-58). Die nachfolgende Abbildung beinhaltet einen Vergleich über die Effektstärke bei der Messung von Emotionen.

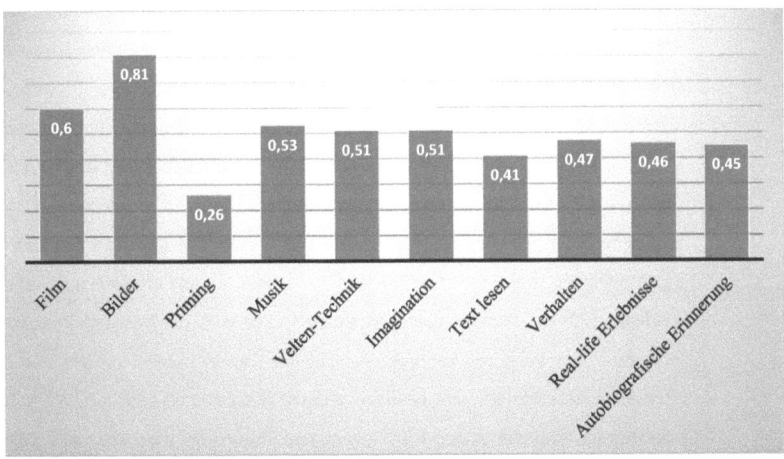

Abbildung 2: Effektstärke verschiedener Emotionsinduktionsmethoden
(Quelle: Eigene Darstellung in Anlehnung an Lench, Flores & Bench, 2011, S. 843)

Stellvertretend für die Induktionsverfahren werden in dieser Arbeit das Induktionsverfahren durch Filme sowie die Velten-Technik vorgestellt. Brandstätter und Kollegen (2013) berichten, dass das Induzieren von Emotionen mit Filmausschnitten eines der beliebtesten und wirksamsten Methoden darstellt. Je nach Fragestellung können allgemein positive und negative Gemütszustände, wie auch unverwechselbare gefühlsbetonte Stimmungen hervorgebracht werden (Brandstätter et al., 2013, S. 146). Rottenberg, Ray und Gross (2007) haben eine Arbeit veröffentlicht, in der sie zu verschiedenen Zielemotionen Filme angeben haben, die sich nach ihrer Erfahrung gut eignen, um Emotionen zu induzieren. Zu den jeweiligen Filmen gibt es eine Information, wie lange diese Filmsequenz dauert sowie spezielle Anweisungen (Rottenberg et al., 2007, S. 23-25). Lench, Flores und Bench (2011) sowie Schmidt-Atzert und Kollegium (2014) sind sich einige, dass bei diesem Verfahren mit der heute vorhandenen Technik zur Videobearbeitung eine genaue Auswahl von Filmsequenzen getroffen werden kann. Als weiterer Vorteil wird genannten, dass durch die standardisierten Videoclips zuverlässig Emotionen induziert werden können (Lench et al., 2011, S. 836; Schmidt-Atzert et al., 2014, S. 63-64). Die

Forschungsgruppe um Rottenberg (2007) merkt an, dass Frauen deutlich stärker auf die Emotionen reagieren als Männer. Weiterhin ist nach Rottenberg und seinen Kollegen zu bedenken, dass bei einer Wiederholung der Messung bei denselben Versuchsteilnehmenden, es zu veränderten emotionalen Reaktionen kommen kann, weil die Person die Emotionen jetzt anders einschätzt. Als klarer Nachteil dieser Methode ist zu nennen, dass Gefühle wie Wut, Angst und Ekel sehr schwierig über Filmausschnitte hervorzurufen sind (Rottenberg et al., 2007, S. 12-14). Velten (1968) entwickelte eine Technik, bei der, die Versuchspersonen 60 unterschiedliche Kärtchen mit Texten erhielten, entweder mit positiver, negativer oder neutraler Stimmung (S. 473). Schmidt-Atzert und sein Team (2014) erläutern das Versuchsvorgehen folgendermaßen: Die Texte werden durch den Versuchsteilnehmer leise gelesen; der Proband liest die Texte laut vor; die Versuchsperson erhält die Anweisung, sich in die Gefühlslage des Textes hineinzuversetzen (S. 68). Lench und Kollegen (2011) heben bei dieser Methode hervor, dass die Aussagenkärtchen standardisiert sind. Des Weiteren kann die Anzahl der Karten variiert werden und die genauen Anweisungen können leicht geändert werden (Lench et al., 2011, S. 837). Die Wissenschaftler um Schmidt-Atzert (2014) kritisieren hingegen, dass nicht alle Teilnehmenden auf das Verfahren reagieren. Weiterhin wird bemängelt, dass die Versuchspersonen eventuell sozial erwünschte Antworten geben (Schmidt-Atzert et al., 2014, S. 68).

Nachdem nun einige Vor- und Nachteile verschiedener Methoden besprochen wurden, wird es im folgenden Textabschnitt um Probleme gehen, die bei der Erfassung von Emotionen auftreten können. Grundsätzlich haben Brandstätter und Kollegen (2013) sowie Schmidt-Atzert (2009) festgestellt, dass Selbstberichtsmaße, die sofort nach der emotionsauslösenden Situation erfasst werden, deutlich valider sind. Bei der Erfassung von Emotionen aus der Vergangenheit könne es bei der Versuchsperson zu Gedächtnisverzerrungen und Rekonstruktionsfehler kommen. Wenn Probanden eine Selbsteinschätzung zu ihren Verhalten in einer fiktiven Situation abgeben sollen, kann es ebenfalls zu Fehlern kommen, die die Validität der Ergebnisse herabsetze. Des Weiteren sind Faktoren, die in der Persönlichkeit des Versuchsteilnehmenden liegen, zu berücksichtigen. Es solle berücksichtigt werden, dass Menschen durchaus dazu neigen können, ihre Emotionen so zu beschreiben, dass sie der sozialen Erwünschtheit entsprechen. Außerdem könne es passieren, dass eine Person keinen oder nur einen geringen Zugang zu ihren eigenen Gefühlen hat und deshalb der Selbstbericht verfälscht wird. Als Beispiel nennen sowohl Brandstätter und Kollegen sowie Schmidt-Atzert Menschen mit Alexithymie. Diese Menschen reagieren zwar auf die emotionsauslösenden Stimuli, haben aber Probleme ihre

Emotionen ausreichend zu erkennen und auszudrücken (Brandstätter et al., 2013, S. 150-151; Schmidt-Atzert, 2009, S. 533-534). Als weiteres Problem beschreibt Schmidt-Azert (2009), dass eine sprachliche Barriere auftreten könne. Zum Beispiel ist es denkbar, dass die verwendeten Wörter nicht eindeutig genug beschrieben werden und deswegen keine klare Differenzierung zwischen den Emotionen stattfindet. Bei Kindern und Migranten solle deswegen immer auf Verständnisfragen zur Überprüfung zurückgegriffen werden. Wenn Versuchsteilnehmende nicht über die notwendige Offenheit gegenüber anderen Personen verfügen, könne dies ebenfalls zu Schwierigkeiten führen, weshalb im Vorfeld ausreichend über die gewährleistete Anonymität gesprochen werden solle. Ein weiterer Punkt ist, dass es während der Studie zu Problemen kommen könne, wenn der emotionale Zustand des Probanden durch den Messvorgang verändert wird. Wie bereits bei den Film-verfahren genannt, könne es durch mehrmalige Wiederholung des Verfahrens zu einer Veränderung des emotionalen Befindens kommen (Schmidt-Atzert, 2009, S. 533-534). Philippot (1993) weist darauf hin, dass es bei der Auslösung von negativen Emotionen bei Versuchspersonen, dazu kommen könne, dass diese an schmerzhafte Erfahrungen oder traumatisierende Ereignisse erinnert werden und es gegebenenfalls sogar zu einer Retraumatisierung kommen könne. Weshalb im Vorfeld unbedingt die Probanden einge-hend befragt werden müssen und eine Nachbesprechung stattfinden müsse. Als letzter Punkt ist anzuführen, dass Menschen Individuen sind. Das heißt, nicht jeder Mensch re-agiert auf ein und dieselbe Situation mit den gleichen Emotionen (Philippot, 1993, S. 172).

Bei näherer Betrachtung der Abbildung 1 wird deutlich, dass es sehr viele verschiedene Methoden gibt, um Emotionen zu messen. Es stellt sich dem Leser vielleicht die Frage, welche dieser Methoden ist am besten geeignet, um Emotionen möglichst gut und genau zu messen. Ganz so einfach kann diese Frage nicht beantwortet werden. Wie bereits wei-ter oben beschrieben, ist die Wahl der Methode abhängig vom Untersuchungsgegenstand. Des Weiteren ist zu beachten, dass es Untersuchungen gibt, die darauf hindeuten, dass individuelle Unterschiede bei den Versuchsteilnehmern die Emotionserzeugung in jeder Phase des Prozesses beeinflussen können (Rottenberg et al., 2007, S. 11). Da es bisher kaum Vergleichsstudien zur Messung von Emotionen mit verschiedenen Verfahren gibt, sind die Forscher darauf angewiesen sich mit den einzelnen Verfahren, sowie jeweiligen Vor- und Nachteilen eingehend zu beschäftigen. Eine Empfehlung für eine Messmethode abzugeben wäre an dieser Stelle deshalb nicht korrekt. Es muss immer der einzelne For-schungsgegenstand und der Zweck betrachtet werden. Wenn Verfahren verwendet werden, die einen Selbstbericht enthalten, ist es empfehlenswert einen standardisierten Fragebogen zu verwenden. Es gibt aber auch die Möglichkeit verschiedene Verfahren miteinander zu kombinieren. Zum Beispiel können Untersuchungen im Labor mit der Messung von physiologischen Veränderungen und/oder der Messungen der Gesichtsmimik einhergehen.

3 Aufgabe C3 – Volition

Neujahrsvorsätze, die noch eben schnell in der Silvesternacht gefasst werden. Kennen Sie das? Genauso schnell, wie diese Vorsätze gefasst wurden, werden sie im Laufe des Januars wieder vergessen. Im Volksmund wird dann gerne gesagt, der Person fehle die Motivation. Was aus psychologischer Sicht dabei passiert, und wie es geschafft werden kann, die Vorsätze einzuhalten, wird das Thema auf den folgenden Seiten sein. Dazu werden zwei Modelle aus der Volitionspsychologie vorgestellt.

Wenn die Literatur zu dem Thema Motivation angeschaut wird, zeigen sich in der Forschung der Motivationspsychologie zwei Strömungen. Bereits sehr früh, zu Beginn des 20. Jahrhunderts, hat Narziß Ach sich mit der Willenspsychologie auseinandergesetzt (Heckhausen & Gollwitzer, 1987, S. 102). Ach beschrieb den Willensakt als Konstrukt, der bestimmte Bedingungen bedarf und nicht einfach so von einem Menschen hervorgerufen werden kann. Die Person möchte etwas erreichen, aber verspürt Gegenwehr, die sie überwinden muss. Dazu muss diese Gegenkraft jedoch erst in das Bewusstsein gelangen (Ach, 1935, S 196). Die andere Entwicklung beschäftigte sich mit den Fragen und Problemen, die vor dem Willensakt ablaufen, also der Motivation (Heckhausen & Gollwitzer, 1987, S. 102).

Im Jahr 1983 begann Kuhl sich wieder dem Thema des Willensaktes zu widmen. In seinem Buch „Motivation, Konflikt und Handlungskontrolle" erklärt Kuhl sein „integratives Modell der Motivation und Handlungskontrolle". Die Abbildung 3 stellt einen groben Überblick über die gesamte Theorie dar. Der Teilprozess der Selektionsmotivation bewegt sich über nicht weiter detaillierte Durchführungsschritte, wie zum Beispiel der Beurteilung von Anreizen diverser Aktivitäten und deren Chancen auf Erfolg, zur Generierung mehrerer sich abzeichnender Aktionen: Anschließend gibt es verschiedene Regeln, die darüber entscheiden, welche Aktion schlussendlich den Status der aktuellen Absicht erhalten und in den „Absichtsspeicher" übernommen werden. Sobald eine sich abzeichnende Aktion die Rolle der Absicht einnimmt, erreicht dieser Plan eine gesonderte Stellung und startet den Teilprozess der Handlungskontrolle. Innerhalb dieses Ablaufes wird geklärt, ob volitionale Interventionen notwendig sind. Dies ist der Fall, wenn zum Beispiel der Plan gegen andere Handlungstendenzen, die auch als wichtig erachtet werden, abgesichert werden muss. Durch diesen Prozess wird die Realisationsmotivation animiert, die Vermittlungsprozesse zu veranlassen. Die Vermittlungsprozesse oder auch

Handlungskontrollstrategien sollen die gegenwärtige Absicht fördern (Kuhl, 1983, S. 304-305).

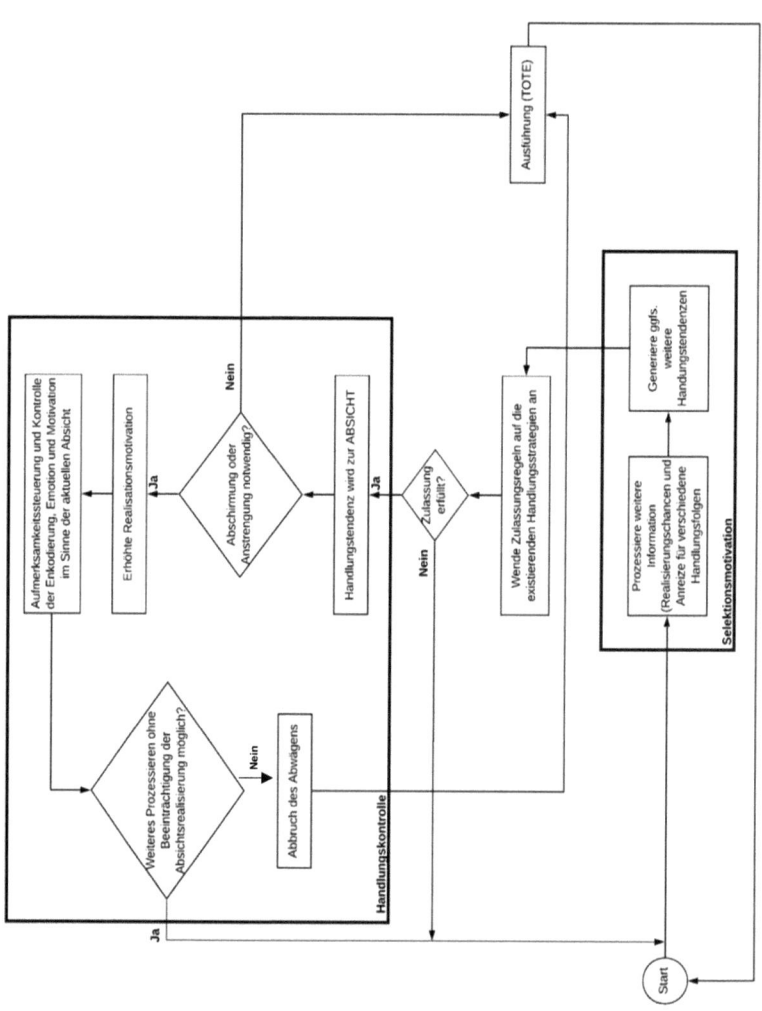

Abbildung 3: Interaktion zwischen Motivation und Handlungskontrolle

(Quelle: Eigene Darstellung in Anlehnung an Kuhl, 1983, S. 306)

Im nachfolgenden werden die einzelnen Schritte der Vermittlungsprozesse der Handlungskontrollstrategie nach Kuhl an einem Praxisbeispiel erläutert. Als Beispiel wird die Bearbeitung einer Einsendeaufgabe gewählt.

Bei der Aufmerksamkeitskontrolle konzentriert sich die oder der Studierende auf die handlungsrelevanten Informationen, das Schreiben der Einsendeaufgabe. Dabei werden alle Informationen, die nicht mit der Einsendeaufgabe in Verbindung stehen nicht beachtet. Die oder der Studierende kann sich mit Mitstudierenden über das Thema der Einsendeaufgabe austauschen, durch die hier erhaltenen Informationen, werden andere, positive Impulse gesetzt. Der oder dem Studierenden wird klar, worauf sie oder er bei dem Thema achten muss und welche Themen irrelevant sind (Brandstätter et al., 2013, S. 119; Kuhl, 1983, S. 305; Sokolowski, 2013, S. 297).

Durch die Sparsamkeit der Informationsverarbeitung soll der Vorgang des Überlegens nach Handlungsalternativen, wie zum Beispiel Wohnung reinigen, unterbrochen werden, wenn dadurch das Ziel Einsendeaufgabe schreiben gefährdet wird (Kuhl, 1983, S. 305).

Mithilfe der Emotionskontrolle wird die oder der Studierende mit positiven Gedanken und Gefühlen zum Schreiben der Einsendeaufgabe animiert. Zum Beispiel kann es ein Ziel sein, mit der Familie nach Abgabe der Einsendeaufgabe ein Eis zu essen. Weiterhin soll die Emotionskontrolle das Auftreten von Gedanken und Gefühlen, die das Ziel Einsendeaufgabe schreiben gefährden würden, abhalten. Dies kann zum Beispiel eine Unlust sein, die wiederum dazu führen würde, dass zum Beispiel lieber gekocht wird (Brandstätter et al., 2013, S. 119; Kuhl, 1983, S. 305; Sokolowski, 2013, S. 297).

Die Motivationsaufschauklung sorgt dafür, dass die Motivation zur Zielerreichung gestärkt wird, indem die Motivation so lange entsprechend gestaltet wird, bis andere Handlungstendenzen nicht mehr in den Vordergrund rücken. Die Motivation zum Schreiben der Einsendeaufgabe ist der nächste Schritt in Richtung des Bachelorabschlusses, dieser Anreiz verstärkt die Motivation (Brandstätter et al., 2013, S. 119; Kuhl, 1983, S. 305; Sokolowski, 2013, S. 297).

Mit der Enkodierungskontrolle wird versucht neue Informationen nach der aktuellen Handlungsabsicht „Einsendeaufgabe schreiben" zu kategorisieren und nur diese abzuspeichern. Die oder der Studierende könnte zum Beispiel einen Fachartikel oder eine Reportage zu dem Thema der Einsendeaufgabe lesen und würde sich aber nur die wichtigen Inhalte zu dem eingegrenzten Themengebiet merken (Brandstätter et al., 2013, S. 119; Kuhl, 1983, S. 305).

Mithilfe der Umweltkontrolle soll die oder der Studierende seine ablenkenden Reize, wie zum Beispiel die Hausarbeit so weit eliminieren, dass diese der eigentlichen Handlung

Einsendeaufgabe schreiben nicht mehr im Wege stehen. Zum Beispiel kann die Partnerin oder der Partner gebeten werden den Wohnungsputz zu übernehmen, damit keine Ablenkung mehr von außen besteht. Oder das Smartphone wird in einen anderen Raum gelegt, damit die Nachrichten der Freunde und Familie einen erst nach getaner Arbeit erreichen (Brandstätter et al., 2013, S. 119; Kuhl, 1983, S. 305; Sokolowski, 2013, S. 297).

Vier Jahre später griffen Heckhausen und Gollwitzer (1987) ebenfalls die Theorie von Ach auf, um den Unterschied zwischen Motivation und Volition zu erforschen. Aus diesen Studien entstand das Rubikon-Modell (Heckhausen & Gollwitzer, 1987, S. 102). Nach Goschke (2017) wird das Rubikon-Modell im Idealfall als Kreislauf von vier aufeinanderfolgenden Phasen betrachtet. Dazu muss gesagt werden, dass bei jedem Menschen meistens mehrere dieser Prozesse gleichzeitig ablaufen. Diese Prozesse befinden sich teilweise in unterschiedlichen Phasen. Dabei stellt jede der Stufen typische Anforderungen an den Handelnden. Die erste und die letzte Phase des Modells sind durch die Motivation geprägt. Die zweite und dritte Phase sind durch den Willen geprägt und werden volitionale Phasen genannt (Goschke, 2017, S. 264). Laut Becker-Carus und Wendt (2017) sowie Rudolph (2017) handelt es sich bei der Motivation um einen Prozess in dem verschiedene Ziele und Wünsche gegeneinander abgewägt werden, aber noch keine richtige Entscheidung für ein Vorhaben getroffen wird. Dies können zum Beispiel bedeutende Lebenswünsche sein. Um diese Ziele verwirklichen zu können, bedarf es über die Dauer der Zeit motivierendes Verhalten, wie die Beeinflussung, die Pflege und die Auswertung des Ziels oder der Zwischenziele, auf diesem Weg (Becker-Carus & Wendt, 2017, S. 528; Rudolph, 2017, S. 496). Hingegen wird die Volition nach Becker-Carus und Wendt (2017) als ein Prozess der Umsetzung von Vorhaben verstanden. Dazu zählt nicht nur die eigentliche Umsetzung, sondern auch die Planung dieser Umsetzung (Becker-Carus & Wendt, 2017, S. 529).

Im Folgenden wird das Rubikon-Modell mit seinen einzelnen Phasen des Abwägens, Planens, Handelns und Bewerten erläutert. Zur besseren Verständlichkeit ist das Modell in der Abbildung 3 mit einem Beispiel dargestellt.

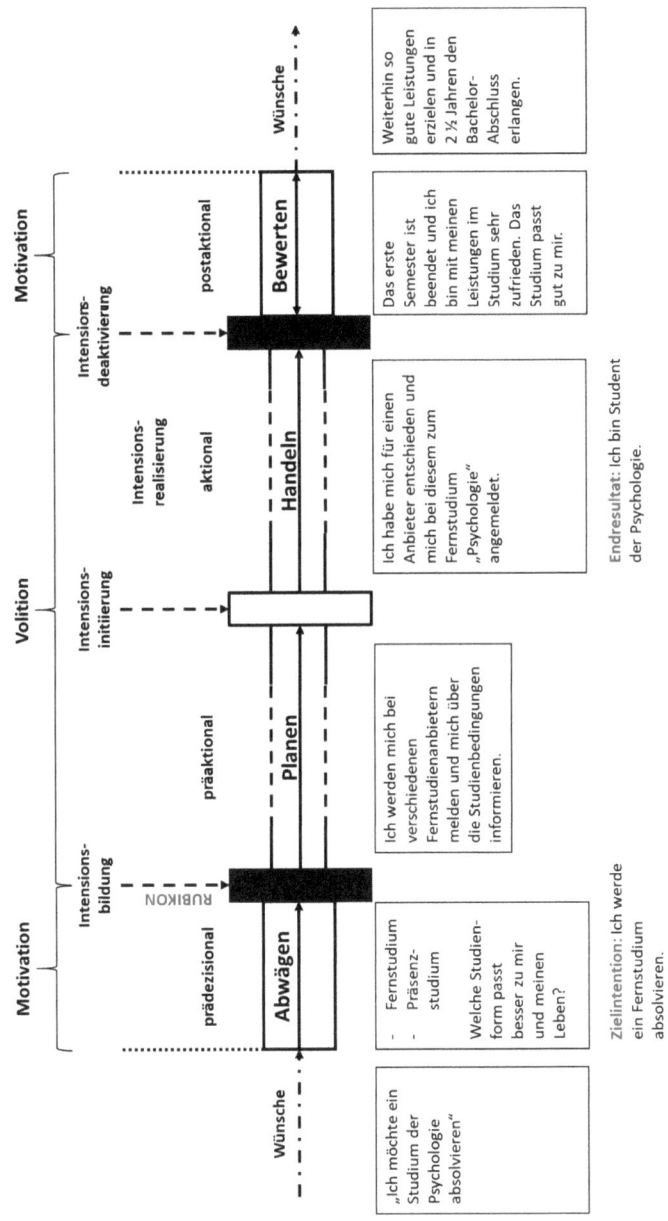

Abbildung 4: Rubikon-Modell

(Quelle: Eigene Darstellung in Anlehnungen an Achtziger & Gollwitzer, 2006, S. 278; Rheinberg, 2006, S. 189)

Die prädezisionale Phase ist geprägt von der Motivation einer Person. Es werden verschiedene Anliegen und Wünsche eines Menschen auf dessen Durchführung hin überprüft. Es wird aber auch geschaut, welches Ergebnis möchte eine Person erreichen und ist dieses Ziel potenziell realisierbar. Eine Person wägt also mehrere Wünsche gegeneinander ab. Am Ende dieser Phase steht ein verpflichtender Vorsatz, die Zielintention (Achtziger & Gollwitzer, 2006, S. 279).

Anschließend beginnt die volitionale Phase mit der präaktionalen Handlungsphase. In dieser Stufe wird darüber nachgedacht, wie der verpflichtende Vorsatz in die Tat umgesetzt werden kann. Es wird überlegt, was alles notwendig ist, um das Ziel zu erreichen. Zu dem Vorsatz wird eine Absicht entworfen. Die Intensionsinitiierung startet (Achtziger & Gollwitzer, 2006, S. 280).

Der anschließende Abschnitt ist ebenfalls volitional geprägt. In der aktionalen Phase wird durch die Person der Zielzustand angestrebt. Der Mensch unternimmt seine zuvor ausgedachten Schritte und setzt diese mit seinem Handeln um. Hierbei können immer wieder diverse Schwierigkeiten auftreten, denen sich der Handelnde mit Ausdauer und Beharrlichkeit entgegenstellen sollte, um sein Ziel zu erreichen (Achtziger & Gollwitzer, 2006, S. 280).

In der letzten Phase, die wieder motivational ist, wird das Ergebnis bewertet. Diese Stufe nennt sich postaktionale Handlungsphase. Der Handelnde betrachtet sein Ergebnis und vergleicht dieses mit den in der prädezisionalen Phase gefassten Entschluss. An dieser Stelle gibt es zwei Möglichkeiten: (1) Der Handelnde hat sein Ziel erreicht. Das heißt, diese Person kann sich neuen Wünschen widmen. Oder (2) der Handelnde hat sein Vorhaben nicht erreicht. Wenn dies der Fall ist, dann sollte die Person sich überlegen, warum es das Ziel nicht erreicht hat und gegebenenfalls zurück in die präaktionale Phase gehen und erneut planen. Oder aber die Person verwirft das Ziel und widmet sich einem neuen Ziel. Generell ist zu empfehlen, dass in der bewertenden Phase immer die vorherigen Schritte betrachtet werden, um aus Fehlern zu lernen, auch wenn das Ziel erreicht wurde (Achtziger & Gollwitzer, 2006, S. 281).

Die Themen Motivation und Volition sind nicht nur sehr interessant, sondern mit dem erlangten Wissen kann das eigene Handeln sehr gut reflektiert werden.

Literaturverzeichnis

Ach, N. (1935). *Analyse des Willens* (1. Aufl.). Berlin: Urban & Schwarzenberg.

Achtziger, A. & Gollwitzer, P. M. (2006). Motivation und Volition im Handlungsverlauf. In J. Heckhausen & H. Heckhausen (Hrsg.), *Motivation und Handeln* (3. Aufl., S. 277-302). Heidelberg: Springer.

Becker-Carus, C. & Wendt, M. (2017). *Allgemeine Psychologie* (2. Aufl.). Berlin: Springer. doi: 10.1007/978-3-662-53006-1

Borgonovi, F. (2008). Doing well by doing good: the relationship between formal volunteering and self-reported health and happiness. *Social Science and Medicine*, 66 (11), S. 2321-2334. doi: 10.1016/j.socscimed.2008.01.011

Brandstätter, V.; Schüler, J.; Puca, R. M. & Lozo, L. (2013). *Motivation und Emotion. Allgemeine Psychologie für Bachelor* (1. Aufl.). Berlin: Springer Medizin. doi: 10.1007/978-3-642-30150-6

Bucher, A. A. (2018). *Psychologie des Glücks* (2. Aufl.). Weinheim: Beltz

David, S. A., Boniwell, I. & Conley Ayers, A. (2013). Introduction. In S. A. David, I. Boniwell & A. Conley Ayers (Hrsg.), *The Oxford Handbook of Happiness* (1. Aufl., S. 1-8). Oxford: Oxford University Press

Diener, E. & Chan, M. Y. (2011). Happy People Live Longer: Subjective Well-Being Contributes to Health and Longevity. *Health and Well-Being*, 3 (1), S. 1-43. doi: 10.1111/j.1758-0854.2010.01045.x

Diener, E., Suh, E. M., Lucas, R. E. & Smith, H. L. (1999). Subjective Well-Being: Three Decades of Progress. *Psychological Bulletin*, 125 (2), S. 276-302.

Diener, E., Suh, E. M. & Oishi, S. (1997). Recent Findings on Subjective Well-being. *Indian Journal of Clinical Psychology*, 24 (1), S. 25–41.

Goschke, T. (2017): Volition und kognitive Kontrolle. In J. Müsseler & M. Rieger (Hrsg.), *Allgemeine Psychologie* (3. Aufl., S. 251-315). Berlin: Springer. doi: 10.107/978-3-642-53898-8

Heckhausen H. & Gollwitzer, P. M. (1987). Thought contents and cognitive functioning in motivational versus volitional states of mind. *Motivation and Emotion*, 11 (2), S. 101-120. doi: 10.1007/BF00992338

Heining, N. (2019). *Glücksprinzipien. Mit dem fundierten Erkenntnisschatz der positiven Psychologie zu mehr Lebensfreude, Erfolg und einem gelingenden Leben* (1. Aufl.). Berlin: Springer. doi: 10.1007/978-3-662-57451-5

Heining, N., Layard, R. & Sachs, J. D. (2019). Happiness and Community. An Overview. In *World Happiness Report 2019* (S. 5–12). New York.

Helliwell, J. F., Huang, H. & Wang, S. (2019). Changing World Happiness. In *World Happiness Report 2019* (S. 13–48). New York.

Howell, R. T.; Kern, M. L. & Lyubomirsky, S. (2007). Health benefits: Meta-analytically determining the impact of well-being on objective health outcomes. *Healthy Psychology Review*, 1 (1), S. 83-136. doi: 10.1080/17437190701492486

Inglehart, R. & Klingemann, H.-D. (2000). Genes, Culture, Democracy, and Happiness. In S. Diener (Hrsg.), *Culture and Subjective Well-Being* (1. Aufl., S. 165-183). Cambridge, MA: The MIT Press.

Kuhl, J. (1983). *Motivation Konflikt und Handlungskontrolle* (1. Aufl.). Berlin: Springer.

Lench, H.; Flores, S. A. & Bench, S. W. (2011). Discrete emotions predict changes in cognition, judgment, experience, behavior, and psychology: A meta-analysis of experimental emotion elicitations. *Psychological Bulletin*, 137 (5), S. 834-855. doi: 10.1037/a0024244

Lucas, R. E.; Le, K. & Dyrenforth, P. S. (2008). Explaining the Extraversion/Positive Affect Relation: Sociability Cannot Account for Extraverts' Greater Happiness. *Journal of Personality*, 76 (3), S. 385-414. doi: 10.1111/j.1467-6494.2008.00490.x

Lykken, D. & Tellegen, A. (1996). Happiness Is a Stochastic Phenomenon. *Psychological Science*, 7, S. 186-189. doi: 10.1111/j.1467-9280.1996.tb00355.x

Lyubomirsky, S.; King, L. & Diener E. (2005). The Benefits of Frequent Positive Affect: Does Happiness Lead to Success? Psychological bulletin, 131 (6), S. 803-855. doi: 10.1037/0033-2909.131.6.803

Lyubomirsky, S., Sheldon, K. M. & Schkade, D. (2005). Pursing Happiness: The Architecture of Sustainable Change. *Review of General Psychology*, 9 (2), S. 111–131. doi: 10.1037/1089-2680.9.2.111

Philippot, P. (1993). Inducing and Assessing Differentiated Emotion-Feeling States in the Laboratory. *Cognition and Emotion*, 7 (2), S. 171-193. doi: 10.1080/02699939308409183

Reisenzein, R. & Horstmann, G. (2018). Emotion. In A. Kiesel & H. Spada (Hrsg.), *Lehrbuch Allgemeine Psychologie* (4. Aufl., S. 423-492). Bern: Hogrefe.

Rheinberg, F. (2006). *Motivation* (6. Aufl.). Stuttgart: Kohlhammer.

Rottenberg, J.; Ray, R. D. & Gross, J. J. (2007). Emotion Elicitation Using Films. In J. A. Coan & J. J. B. Allen (Hrsg.), *Handbook of Emotion Elicitation and Assessment* (1. Aufl., S. 9-28). Oxford: Oxford University Press.

Rowland, Z; Wenzel, M. & Kubiak, T. (2018). A Mind Full of Happiness: How Mindfulness Shapes Affect Dynamics in Daily Life. *Emotion* [Vorab-Onlinepublikation], S. 1-16. doi: 10.1037/emo0000562

Rudolph, U. (2017). Motivation. In A. Kiesel & H. Spada (Hrsg.), *Lehrbuch der Allgemeinen Psychologie*. (4. Aufl., S. 493-535). Bern: Hogrefe.

Schmidt-Atzert, L. (2009). Verbale Daten: Fragebogenverfahren. In V. Brandstätter & J. H. Otto (Hrsg.), *Handbuch der Allgemeinen Psychologie. Motivation und Emotion* (1. Aufl., S. 532-539). Göttingen: Hogrefe.

Schmidt-Atzert, L.; Peper, M. & Stemmler, G. (2014). *Emotionspsychologie* (2. Aufl.). Stuttgart: Kohlhammer.

Seligman, M. E. P.; Steen, T. A., Park, N. & Peterson C. (2005). Positive Psychology Progress: Empirical Validation of Interventions. *American Psychologist*, 60 (5), S. 410-421. doi: 10.1037/0003-066X.60.5.410

Sokolowski, K. (2013). *Allgemeine Psychologie für Studium und Beruf* (1. Aufl.). Hallbergmoos: Pearson.

Tomoff, M. (2017). *Positive Psychologie. Erfolgsgarant oder Schönmalerei?* (1. Aufl.). Berlin: Springer. doi: 10.1007/978-3-662-50387-4

Unkelbach, C.; Forgas, J. P. & Denson, T. F. (2008). The turban effect: The influence of Muslim headfear and induced affect on aggressive responses in the shooter bias paradigm. *Journal of Experimental Social Psychology*, 44 (5), S. 1409-1413. doi: 10.1016/j.jesp.2008.04.003

Veenhoven, R. (2008). Healthy happiness: effects of happiness on physical health and the consequences for preventive health care. *Journal of Happiness Studies*, 9 (3), S. 449-469. doi: 10.1007/s10902-006-9042-1

Velten, E. (1968). A Laboratory Task For Induction Of Mood States. *Behaviour Research and Therapy*, 6, S. 473-482. doi: 10.1016/0005-7967(68)90028-4

Internetverzeichnis

Eid, M. (2019). *Wohlbefinden.* Zugriff am 05.05.2019. Verfügbar unter https://portal.hogrefe.com/dorsch/wohlbefinden/

IfD Allensbach (o. J.). Anzahl der Personen in Deutschland, die ehrenamtlich tätig sind, von 2014 bis 2018 (in Millionen). In *Statista – Das Statistik-Portal.* Zugriff am 05.05.2019, Verfügbar unter https://de.statista.com/statistik/daten/studie/173632/umfrage/verbreitung-ehrenamtlicher-arbeit/

Ruckriegel, K (2010). Glücksforschung (Happiness Research): Erkenntnisse und Konsequenzen. Mitteilungen mit Fachartikeln, S. 41-46. Zugriff am 09.04.2019. Verfügbar unter http://www.ruckriegel.org/papers/GlueckWirtschafsphilologen.pdf